gu

für

von

Irmgard Erath

Mein lieber Schutzengel

Kindergebete

Butzon & Bercker

Großer Gott, es ist so schön …

dass die Sonne vom Himmel lacht
und der Mond die Sterne bewacht,
dass die Vögel Lieder singen
und die Bäume Früchte bringen,
dass die Welt voller Blumen ist
und du uns keinen Tag vergisst.

Guten Morgen, mein Engel

Hell und frisch ist der Morgen,
es weckt mich der Sonnenschein,
und so gehe ich ganz vergnügt
in diesen neuen Tag hinein.

Er wird mir sicher Schönes bringen.
Ich freu mich schon darauf.
Komm, mein Engel, geh mit mir
und pass gut auf mich auf.

Gute Nacht, mein Engel

Wie kleine Lichter sehen sie aus,
die Sterne oben am Himmelszelt.
Sie erhellen das Dunkel der Nacht
für uns Menschen hier auf der Welt.

Auch der Mond lässt uns nicht allein
und lächelt uns vom Himmel aus zu.
Er schickt uns seinen sanften Schein,
und an meinem Bett wachst liebevoll du.

Meine Familie

Sind wir beisammen,
meine Familie und ich,
ich kann dir sagen,
dann freu ich mich.
Weil wir viel Schönes
miteinander machen:
Wir spielen, basteln,
wandern und lachen …

Du weißt ja, mein Engel,
wie viel Spaß das macht,
und darum bitte ich dich,
gibt ganz fest auf uns Acht.
Erbitte uns Gottes Segen
und behüte uns
auf unseren Wegen.

Am Mittagstisch

Es ist so schön, bei Tisch zu sein
mit Menschen, die ich gerne mag.
Lieber Gott, sei auch du bei uns
und segne deine Gaben jeden Tag.

Du gibst uns alles, was wir brauchen,
ja sogar noch viel, viel mehr.
Auch Dinge, die wir besonders lieben,
und dafür danken wir dir sehr.

Hallo, guter Gott,
manchmal ist das Leben so schön,
da denke ich nicht mal ans Essen.
Das ist ja nicht wirklich schlimm.
Doch dich, dich will ich
nie vergessen.

Geduldig sein

Lieber Engel, ich danke dir,
du hast so viel Geduld mit mir.
Auch ich möchte gern geduldig sein,
doch das schaffe ich nicht allein.

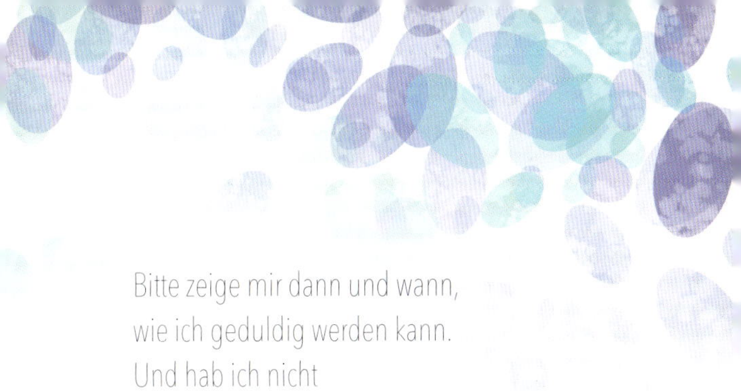

Bitte zeige mir dann und wann,
wie ich geduldig werden kann.
Und hab ich nicht
so viel Geduld wie du ...

... dann drücke beide Augen zu.

Farbenfrohe Welt

So herrlich sind die Farben
in deiner Schöpfung:
das Blau des Himmels,
das Weiß der Wolken,
das Grün der Bäume,
all die zarten Farben
der Blumen und des
Regenbogens ...

Die Welt, lieber Gott,
die du gemacht hast,
ist eine wunderbare
Sammlung der allerschönsten
und fröhlichsten Farben.

was ich gerne hab

Ich liebe meinen Teddy, mein Kätzchen,
Eis, Schokolade und Butterplätzchen.
Ich mag meinen Ball und Purzelbäume,
Regenpfützen und lustige Träume.

So vieles, was ich gerne mag,
gibst du, guter Gott, mir jeden Tag.
Das ist wirklich lieb von dir,
von Herzen dank ich dir dafür.

Manchmal,
lieber Gott,
möchte ich die Welt
umarmen – und
dich auch.

Du hast mich lieb, mein Engel

So wie mal die Sonne scheint
und dann wieder Regen fällt,
so ist es manchmal traurig,
dann wieder lustig auf der Welt.

Hab ich mal großen Kummer,
sag ich es einfach dir.
Ich weiß ja, du verstehst mich
und sicher hilfst du mir.

Und bin ich richtig glücklich,
dann freust du dich mit mir.
Ob ich lache oder weine,
ich bin geliebt von dir.

Das wünsche ich mir, guter Gott

Ich möchte so frei wie die Wolken sein
oder wie die Falter im Wind.
Ich wär gern so frei wie die Vögelein
oder wie die Fische es sind.

So frei zu sein, das wünsche ich mir,
doch nie ohne deinen Segen.
Frei und doch beschützt von dir
möchte ich sein auf meinen Wegen.

Mein Geburtstag

Dass ich heute Geburtstag hab,
ist richtig super, das sag ich dir.
Denn alle wünschen mir viel Glück,
und sie gratulieren mir.

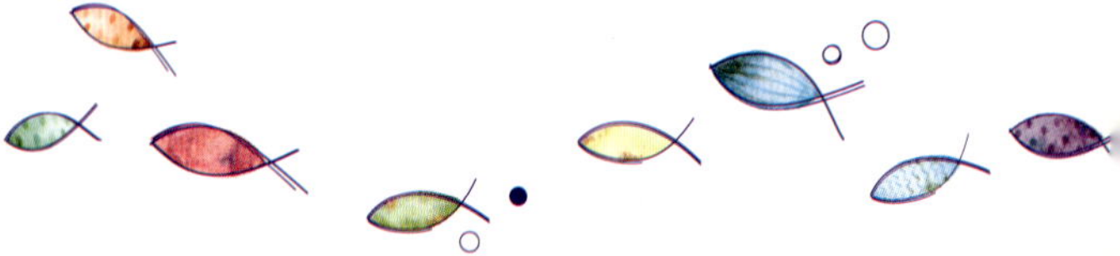

Ich freue mich wirklich sehr,
doch das Schönste für mich ist,
dass du, mein Engel, mich liebst
und auch am Geburtstag bei mir bist.

Auf deinen Segen vertrauen

Es ist nicht so leicht, lieber Gott,
immer gut zueinander zu sein.
Auch wenn man sich sehr gerne mag,
ist man doch mal im Kummer allein.

Darum bitte ich dich, steh uns bei,
lass uns Brücken zueinander bauen.
Lass uns einander helfen und verstehn
und ganz auf deinen Segen vertrauen.

Du hörst mir zu

Es tut so gut, mein Schutzengel,
dass ich immer mit dir reden kann.
Ob es Morgen, Mittag oder Abend ist,
daheim, unterwegs oder in der Schule,
oder wenn es mal richtig brenzlig wird ...

Ach, lieber Engel,
könnten doch die Erwachsenen
auch so gut zuhören wie du.
Es wäre nur noch schön.

Groß ist deine Liebe

Nirgends scheint die Welt so groß wie am Meer, weil man dort gar nicht so recht sieht, wo das Meer aufhört und der Himmel beginnt.

Das, lieber Gott, finde ich schön, weil ich weiß, dass deine Liebe auch so groß ist. Sie ist sogar so groß wie das Meer und der Himmel zusammen.

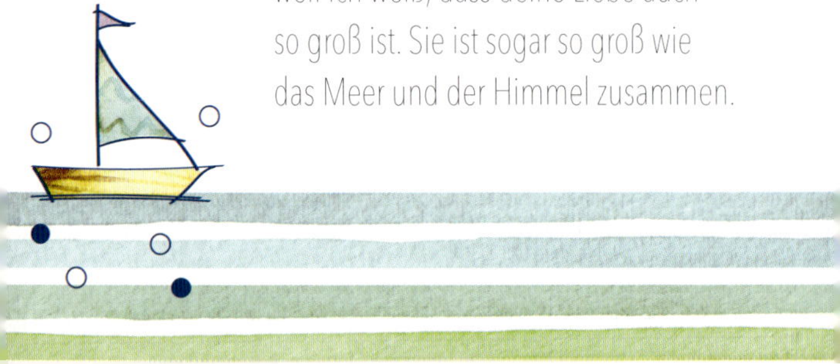

zeig mir den weg

Wenn ich mich nicht entscheiden kann,
weil ich nicht sicher bin, was richtig ist,
dann wünsche ich mir so sehr,
dass du mir nicht nur den Weg zeigst,
sondern ihn auch mit mir gehst.

Denn weißt du, mein Engel,
mit dir an meiner Seite
werde ich mich immer gut
fühlen: behütet und beschützt
und mit ganz viel Liebe geführt.

Die Sonne und ich

Wie die Sonne zum Himmelszelt,
so gehöre ich auf diese Welt.
Kann fröhlich sein wie sie und lachen
und die Menschen glücklich machen.

Die Sonne strahlt dort oben,
ich strahle hier unten auf der Welt.
Siehst du, lieber Gott, wie gut
es jedem an seinem Platz gefällt?

Guter Gott,
wir danken dir,
denn du schenkst uns
ja so viel.

Freundschaft

Mit meinen Freunden, mein Engel,
ist es so lustig und schön,
weil wir alles gemeinsam machen
und ganz fest zusammenstehn.

Wir möchten für immer Freunde bleiben.
Bitte hilf, dass es uns gelingt.
Dann sind wir Freunde fürs ganze Leben,
die niemand auseinanderbringt.

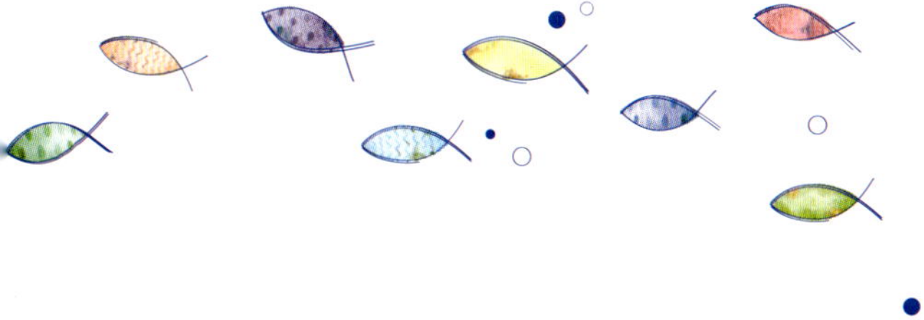

Liebevoll behütet

Du machst mir Mut, mein Engel,
wenn ich verzagen will.
Du bist mir Halt im Dunkeln,
so liebevoll und still.

Darum fühl ich mich geborgen,
es kann mir nichts passieren.
Denn du wirst mich ganz bestimmt
nie aus den Augen verlieren.

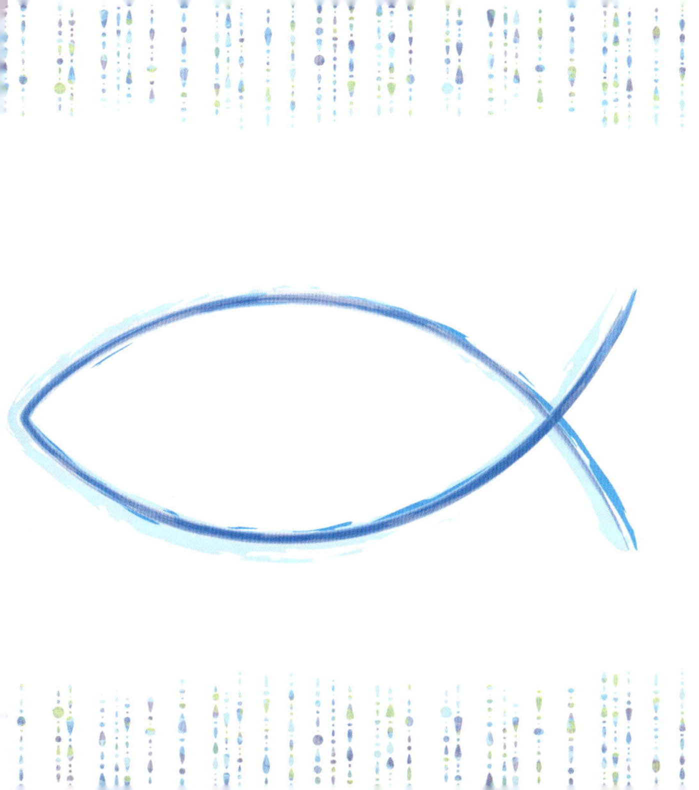

Danke

lieber Gott

Wenn es Tag ist, lacht die Sonne,
der Schmetterling wiegt sich im Wind,
die Blumen blühen im Garten,
am Himmel spielt ein Wolkenkind.

Wenn es Nacht ist, leuchten die Sterne,
der Mond schickt uns seinen Schein,
das Sandmännchen bringt uns Träume,
dann schlafen wir glücklich ein.

So spannend und schön ist das Leben,
und so kunterbunt ist die Welt.
Tag für Tag beschenkst du uns,
damit es uns an gar nichts fehlt.

Wunderschöner Regenbogen

Hallo, lieber Gott!
Der Regenbogen ist wunderbar,
wenn er sich wie ein Band
in den sieben schönsten Farben
still über die Erde spannt.

Und immer wieder freu ich mich,
wenn ich ihn seh auf meinen Wegen,
wenn er uns im Sonnenlicht
von dir erzählt und deinem Segen.

Mein Engel

Unter all den vielen Engeln
bist du da, allein für mich.
Du passt immer auf mich auf,
und darum lieb ich dich.

Es ist so schön, dass Gott dich mir
zur Seite hat gegeben.
Ich bitte dich, begleite mich
durch mein ganzes Leben.

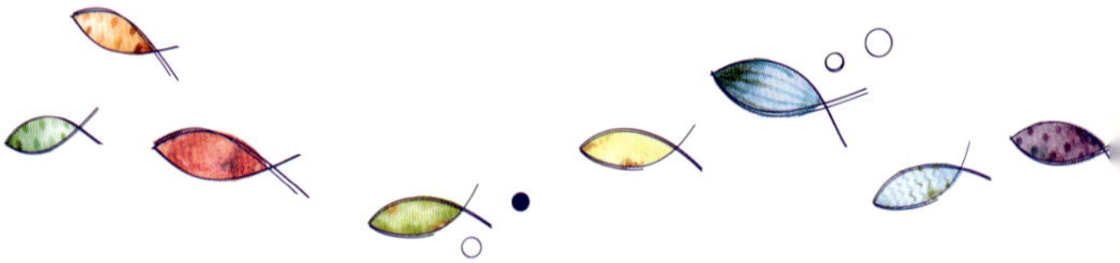